Impressum
Verlag: BABADADA GmbH, Nedderfeld 112 , 22529 Hamburg
Geschäftsführer / Verlagsleitung: Harald Hof
Druck: Books on Demand GmbH, In de Tarpen 42, 22848 Norderstedt

Imprint
Publisher: BABADADA GmbH, Nedderfeld 112 , 22529 Hamburg, Germany
Managing Director / Publishing direction: Harald Hof
Print: Books on Demand GmbH, In de Tarpen 42, 22848 Norderstedt

koulu
de School

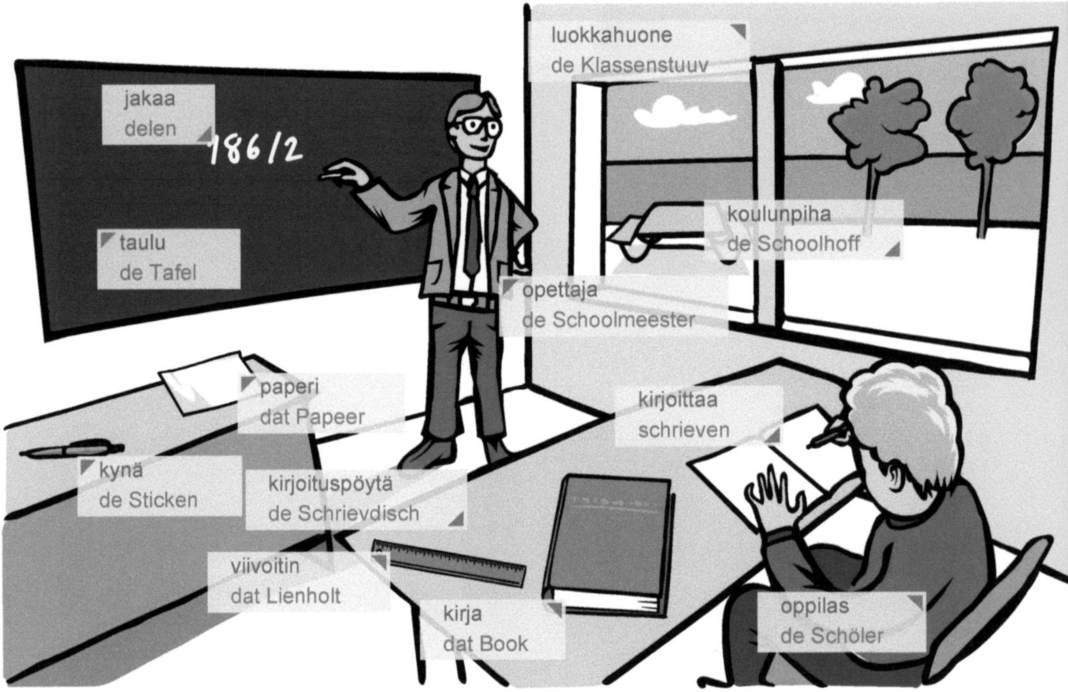

luokkahuone
de Klassenstuuv
jakaa
delen
186/2
taulu
de Tafel
koulunpiha
de Schoolhoff
opettaja
de Schoolmeester
paperi
dat Papeer
kirjoittaa
schrieven
kynä
de Sticken
kirjoituspöytä
de Schrievdisch
viivoitin
dat Lienholt
kirja
dat Book
oppilas
de Schöler

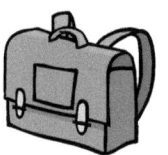

reppu

de Ranzel

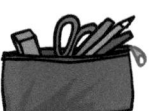

penaali

de Feddermapp

lyijykynä

de Bleesticken

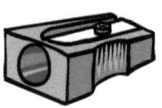

kynänteroitin

de Scharpmaker

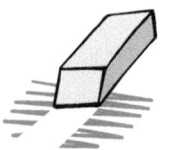

pyyhekumi

dat Radeergummi

piirustuslehtiö

de Tekenblock

piirustus

de Teken

pensseli

de Pinsel

vesivärit

de Malkassen

sakset

de Scheer

liima

de Klever

harjoituskirja

dat Heft to'n Öven

kotitehtävä

de Huusopgaav

12

luku

de Tall

2+2

lisätä

tohooptellen

5-2

vähentää

aftrecken

2×2

kertoa

malnehmen

laskea

reken

A

kirjain

de Bookstaav

ABCDEFG HIJKLMN OPQRSTU VWXYZ

aakkoset

dat ABC

sana

dat Woort

teksti

de Text

lukea

lesen

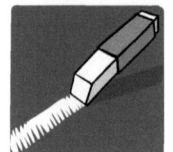

liitu

de Kried

oppitunti

de Stunn

opettajan muistikirja

dat Klassenbook

koe

de Pröven

todistus

dat Tüügnis

koulupuku

de Schooluniform

koulutus

de Utbillen

sanakirja

dat Nakieksel

yliopisto

de Universität

mikroskooppi

dat Mikroskop

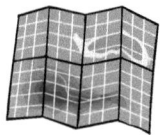

kartta

de Koort

roskakori

de Papeerkorf

hotelli
dat Hotel

Grand

retkeilymaja
de Harbarg

ROOMS

rahanvaihto
de Wesselstuuv

ECHANGE

matkalaukku
de Kuffer

auto
dat Auto

kieli

de Spraak

kyllä / ei

jo / ne

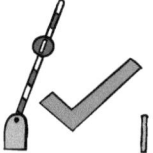

selvä

Jo

hei

Moin

tulkki

de Översetter

kiitos

Dank ok

Paljonko...maksaa?

Wat kost...?

en ymmärrä

Ik verstah nich

ongelma

dat Problem

Hyvää iltaa!

Goden Avend

Hyvää huomenta!

Moin!

Hyvää yötä!

Gode Nacht!

näkemiin

Tschüüs

suunta

de Richt

matkatavarat

de Bagaasch

laukku

de Tasch

reppu

de Rüchsack

vieras

de Gast

huone

de Stuuv

makuupussi

de Slaapsack

teltta

dat Telt

turisti-info

de Touristeninformatschoon

ranta

de Strand

luottokortti

de Kreditkoort

aamupala

dat Fröhstück

lounas

dat Meddageten

päivällinen

dat Avendeten

matkalippu

de Fohrkort

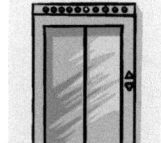

hissi

de Fohrstohl

postimerkki

de Breefmark

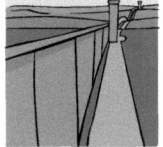

raja

de Grenz

tulli

de Toll

suurlähetystö

de Bottschop

viisumi

dat Visum

passi

de Pass

kuljetus
de Transport

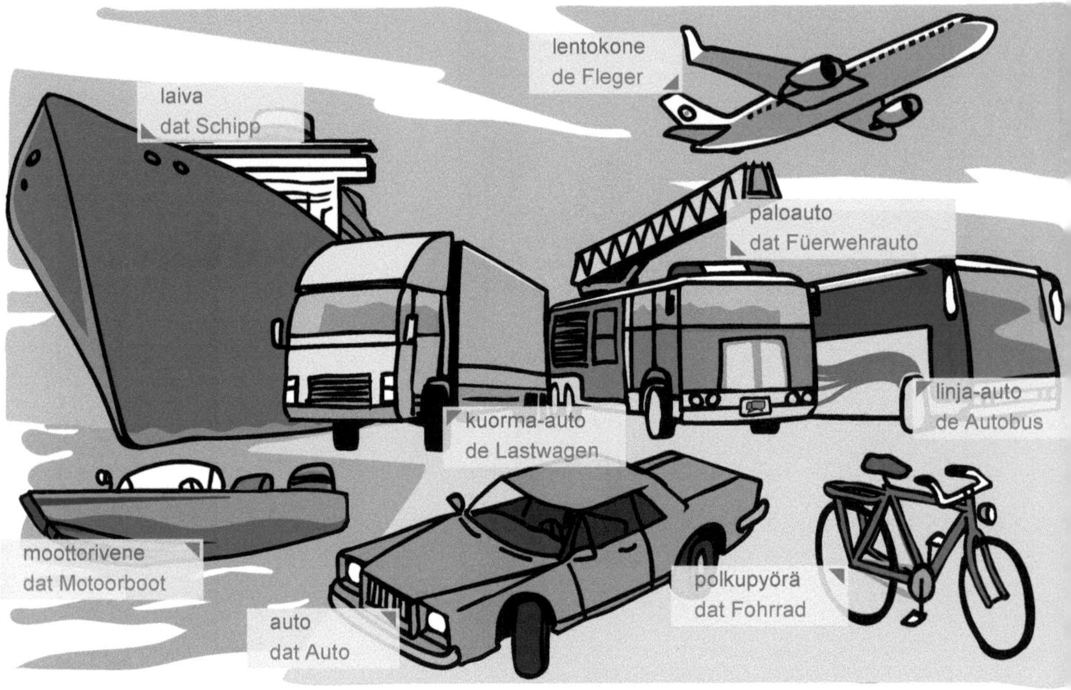

lentokone
de Fleger
laiva
dat Schipp
paloauto
dat Füerwehrauto
linja-auto
de Autobus
kuorma-auto
de Lastwagen
moottorivene
dat Motoorboot
polkupyörä
dat Fohrrad
auto
dat Auto

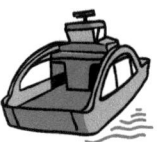

lautta
de Fähr

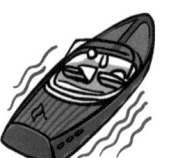

vene
dat Boot

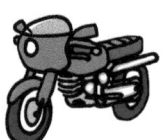

moottoripyörä
dat Motoorrad

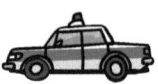

poliisiauto
dat Polizeiauto

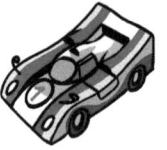

kilpa-auto
dat Rönnauto

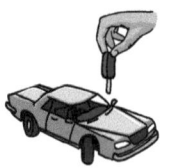

vuokra-auto
de Lehnwagen

car sharing

dat Carsharing

hinausauto

de Afsleepwagen

roska-auto

dat Müllauto

moottori

de Motoor

polttoaine

de Kraftstoff

huoltoasema

de Tanksteed

liikennemerkki

dat Verkehrsschild

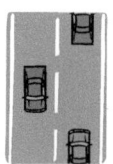

liikenne

de Verkehr

ruuhka

de Stau

parkkipaikka

de Afstellplatz

rautatieasema

de Bahnhoff

raiteet

de Sporen

juna

de Tog

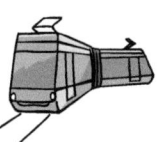

raitiovaunu

de Stratenbahn

vaunu

de Wagon

helikopteri

de Dwarsmöhl

lentokenttä

de Flooghaven

lähilennonjohto

de Tower

matkustaja

de Fohrgast

kontti

de Grootkist

pahvilaatikko

de Karton

kärryt

de Koor

kori

de Korf

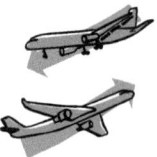

nousta / laskea

starten / lannen

kaupunki
de Stadt

kylä

dat Dörp

keskusta

de Binnenstadt

talo

dat Huus

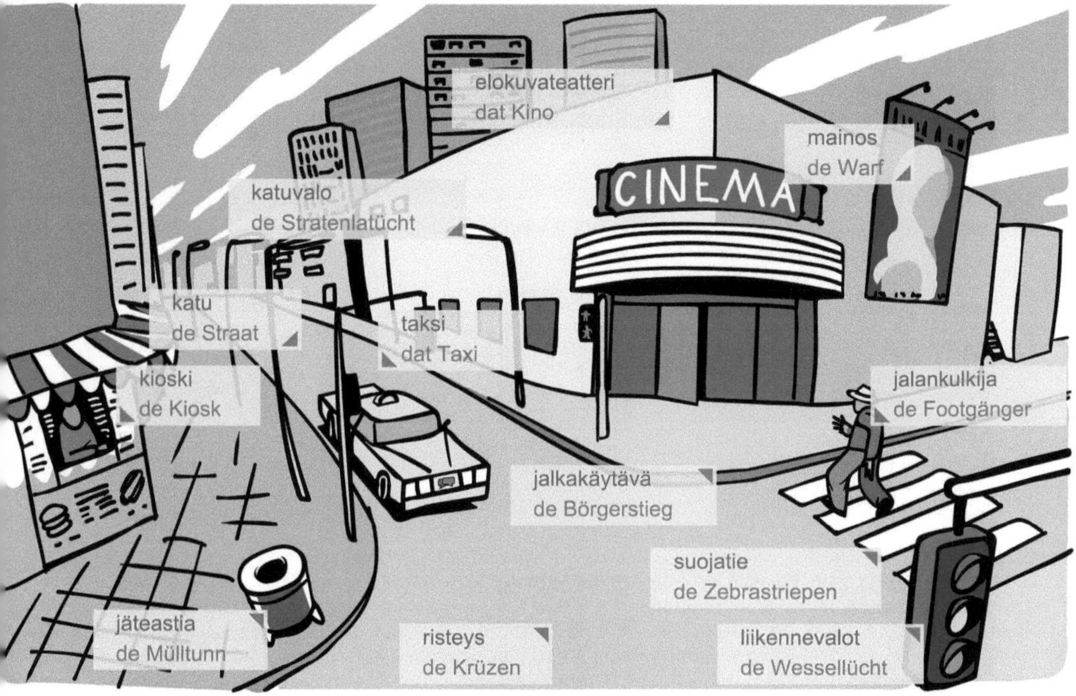

elokuvateatteri
dat Kino

mainos
de Warf

katuvalo
de Stratenlatücht

katu
de Straat

taksi
dat Taxi

kioski
de Kiosk

jalankulkija
de Footgänger

CINEMA

jalkakäytävä
de Börgerstieg

suojatie
de Zebrastriepen

jäteastia
de Mülltunn

risteys
de Krüzen

liikennevalot
de Wessellücht

mökki
de Hütt

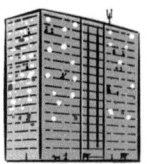

kerrostalo
de Wahnung

rautatieasema
de Bahnhoff

kaupungintalo
dat Raathuus

museo
dat Museum

koulu
de School

yliopisto

de Universität

pankki

de Bank

sairaala

dat Krankenhuus

hotelli

dat Hotel

apteekki

de Afteek

toimisto

dat Büro

kirjakauppa

de Bookhökerie

liike

de Hökerie

kukkakauppa

de Blomenhökerie

supermarketti

de Supermarkt

tori

de Markt

tavaratalo

dat Koophuus

kalakauppias

de Fischhökerie

ostoskeskus

dat Inkoopszentrum

satama

de Haven

puisto

de Parkanlaag

penkki

de Bank

silta

de Brüch

portaat

de Trepp

metro

de Ünnergrundbahn

tunneli

de Tunnel

linja-autopysäkki

de Busstoppsteed

baari

de Bar

ravintola

dat Spieslokal

postilaatikko

de Breefkassen

katukyltti

dat Stratenschild

parkkimittari

de Parkklock

eläintarha

de Deertenpark

uimala

de Baadanstalt

moskeija

de Moschee

maatila

de Buernhoff

ympäristön saastuminen

de Ümweltversmudden

hautausmaa

de Karkhoff

kirkko

de Kark

leikkikenttä

de Speelplatz

temppeli

de Tempel

maisema
de Landschop

lehti
dat Blatt

tienviitta
de Wiespahl

tie
de Weg

niitty
de Wisch

kivi
de Steen

puu
de Boom

retkeilijä
de Wannerer

joki
de Fluss

ruoho
dat Gras

kukka
de Bloom

laakso
dat Daal

vuori
de Barg

järvi
de See

metsä
dat Holt

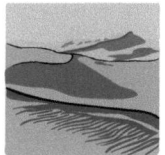

aavikko
de Wööst

tulivuori
de Füerspien Barg

linna
dat Slott

sateenkaari
de Regenbagen

sieni
de Poggenstohl

palmu
de Palm

hyttynen
de Steekmück

kärpänen
de Fleeg

muurahainen
de Miegeemk

mehiläinen
de Imm

hämähäkki
de Spinn

maisema - de Landschop

kovakuoriainen

de Sebber

sammakko

de Pogg

orava

de Katteker

siili

de Swienegel

jänis

de Haas

pöllö

de Uul

lintu

de Vagel

joutsen

de Swaan

villisika

dat Wildswien

peura

de Hirsch

hirvi

de Elk

pato

de Staudamm

tuulimylly

dat Windrad

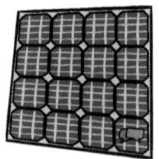

aurinkopaneeli

dat Solarmodul

ilmasto

dat Klima

ravintola
dat Spieslokal

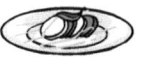

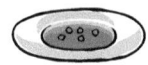

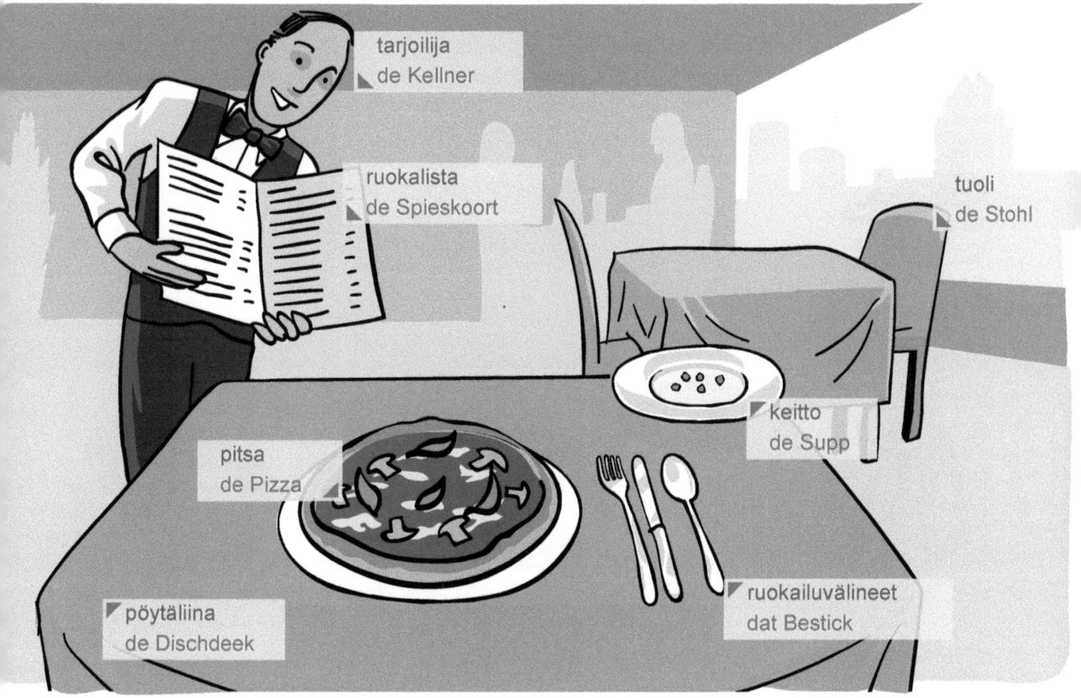
tarjoilija
de Kellner
ruokalista
de Spieskoort
tuoli
de Stohl
keitto
de Supp
pitsa
de Pizza
pöytäliina
de Dischdeek
ruokailuvälineet
dat Bestick

alkuruoka

de Vörspies

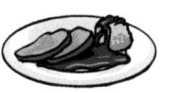

pääruoka

dat Haupteten

jälkiruoka

de Nadisch

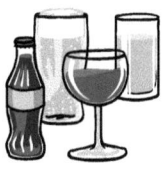

juomat

de Drünk

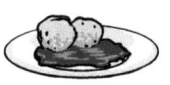

ruoka

dat Eten

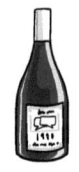

pullo

de Buddel

pikaruoka

dat Fastfood

katuruoka

dat Strateneten

teekannu

de Teekann

sokeriastia

de Zuckerdoos

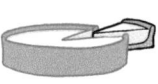

annos

de Portschoon

espressokeitin

de Espressomaschien

syöttötuoli

de Hoochstohl

lasku

de Reken

tarjotin

dat Tablett

veitsi

dat Mess

haarukka

de Gavel

lusikka

de Lepel

teelusikka

de Teelepel

servietti

dat Munddook

lasi

dat Glas

ravintola - dat Spieslokal

lautanen

de Töller

syvä lautanen

de Suppentöller

aluslautanen

de Ünnertass

kastike

de Sooß

suolasirotin

de Soltstreuer

pippurimylly

de Pepermöhl

etikka

de Etig

öljy

dat Ööl

mausteet

de Krüder

ketsuppi

de Ketchup

sinappi

de Mostrich

majoneesi

de Mayonnaise

supermarketti
de Supermarkt

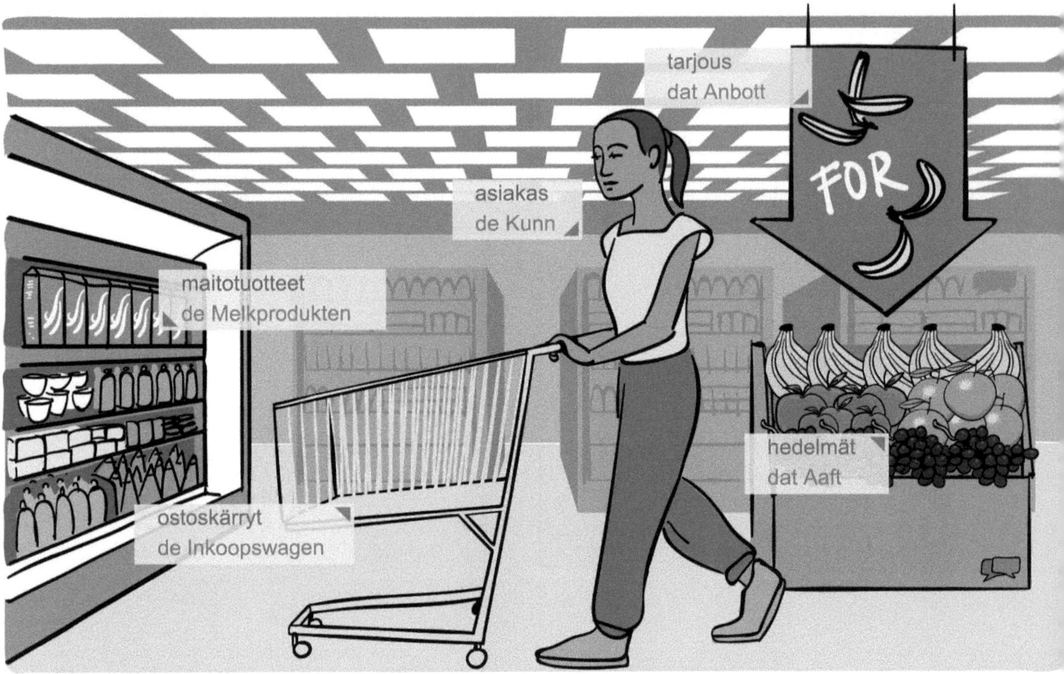

tarjous
dat Anbott
FOR
asiakas
de Kunn
maitotuotteet
de Melkprodukten
hedelmät
dat Aaft
ostoskärryt
de Inkoopswagen

BUTCHERS

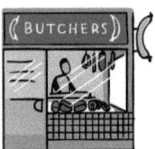

teurastamo

de Slachterie

BAKERY

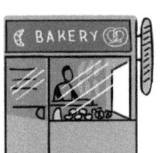

leipomo

de Bäckerie

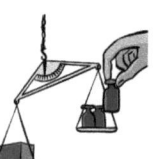

punnita

wegen

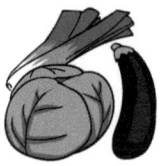

kasvikset

de Gröönsaken

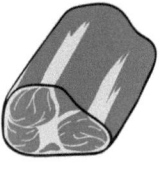

liha

dat Fleesch

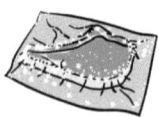

pakasteet

de Deepköhlkost

leikkele
de Opsnitt

säilykkeet
de Konserven

pesujauhe
de Waschmiddel

makeiset
de Snoopkraam

kotitaloustarvikkeet
de Huushooltssaken

puhdistusaineet
de Reinmaaktüüch

myyjä
de Verköpersche

kassa
de Kass

kassanhoitaja
de Kasserer

ostoslista
de Inkoopslist

aukioloajat
de Opsparrtieden

lompakko
de Breeftasch

luottokortti
de Kreditkoort

kassi
de Tasch

muovipussi
de Plastiktüüt

vesi

dat Water

mehu

de Saft

maito

de Melk

kokis

de Cola

viini

de Wien

olut

dat Beer

alkoholi

de Spriet

kaakao

de Kakao

tee

de Tee

kahvi

de Koffie

espresso

de Espresso

cappuccino

de Cappucino

banaani

de Banaan

omena

de Appel

appelsiini

de Appelsien

meloni

de Meloon

sitruuna

de Zitroon

porkkana

de Wöttel

valkosipuli

de Knuuvlook

bambu

de Bambus

sipuli

de Zibbel

sieni

de Poggenstohl

pähkinät

de Nööt

spagetti

de Nudeln

spagetti

de Spaghetti

riisi

de Ries

salaatti

de Salat

ranskalaiset

de Pommes frites

paistetut perunat

de Braadkantüffeln

pitsa

de Pizza

hampurilainen

de Hamborger

voileipä

dat Sandwich

leike

dat Snitzel

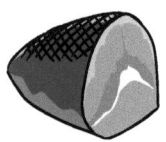

kinkku

de Schinken

salami

de Salami

makkara

de Wust

kana

dat Hohn

paisti

de Braden

kala

de Fisch

kaurahiutaleet
de Haverflocken

mysli
dat Müsli

murot
de Cornflakes

jauho
dat Mehl

voisarvi
de Croissant

sämpylä
dat Rundstück

leipä
dat Broot

paahtoleipä
dat Toast

keksit
de Keksen

voi
de Botter

rahka
de Quark

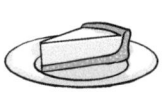

kakku
de Koken

kananmuna
dat Ei

paistettu kananmuna
dat Spegelei

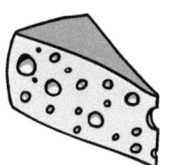

juusto
de Kees

jäätelö

de Ies

sokeri

de Zucker

hunaja

de Honnig

hillo

de Marmelaad

suklaapähkinälevite

de Nougat-Creme

curry

dat Curry

maatila
de Buernhoff

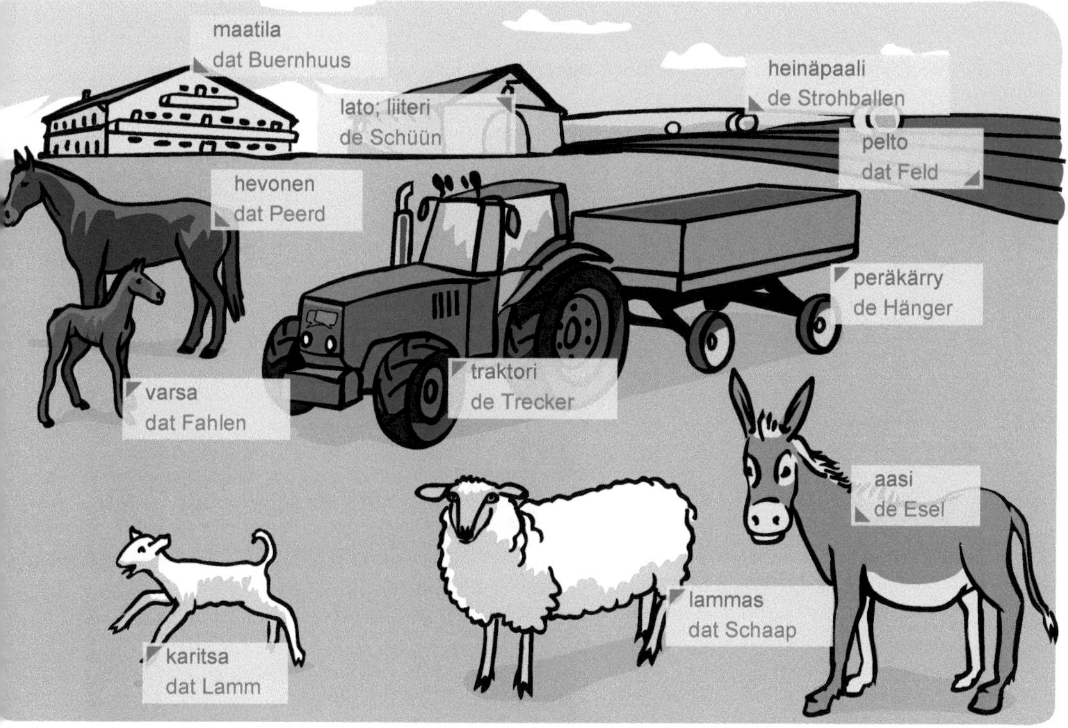
maatila
dat Buernhuus
lato; liiteri
de Schüün
heinäpaali
de Strohballen
pelto
dat Feld
hevonen
dat Peerd
peräkärry
de Hänger
traktori
de Trecker
varsa
dat Fahlen
aasi
de Esel
lammas
dat Schaap
karitsa
dat Lamm

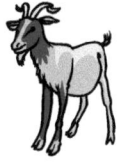

vuohi

de Zeeg

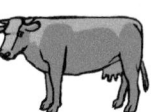

lehmä

de Koh

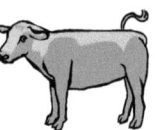

vasikka

dat Kalf

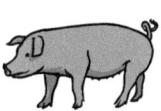

sika

dat Swien

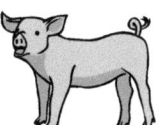

porsas

dat Farken

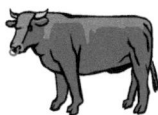

sonni

de Bull

hanhi

de Goos

ankka

de Aant

tipu

dat Küken

kana

dat Hohn

kukko

de Hahn

rotta

de Rott

kissa

de Katt

hiiri

de Muus

härkä

de Oss

koira

de Hund

koirankoppi

de Hunnenhütt

puutarhaletku

de Goornslauch

kastelukannu

de Geetkann

viikate

de Lee

aura

de Ploog

sirppi

de Sich

kuokka

de Hack

talikko

de Mestfork

kirves

de Ext

kottikärryt

de Schuufkoor

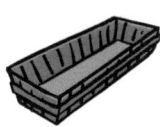

kaukalo

de Trog

maitokannu

de Melkkann

säkki

de Sack

aita

de Tuun

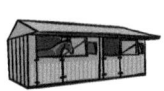

talli

de Stall

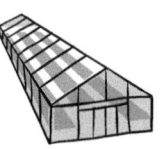

kasvihuone

dat Drievhuus

maa

de Bodden

siemen

de Saat

lannoite

de Dünger

leikkuupuimuri

de Meihdöscher

kerätä sato
....
oornen

sato
....
de Oorn

jamssit
....
de Yamswöttel

vehnä
....
de Weten

soija
....
dat Soja

peruna
....
de Kantüffel

maissi
....
de Törksche Weten

rypsi
....
de Rapp

hedelmäpuu
....
de Aaftboom

maniokki
....
de Troopsch Kantüffel

vilja
....
dat Koorn

talo
dat Huus

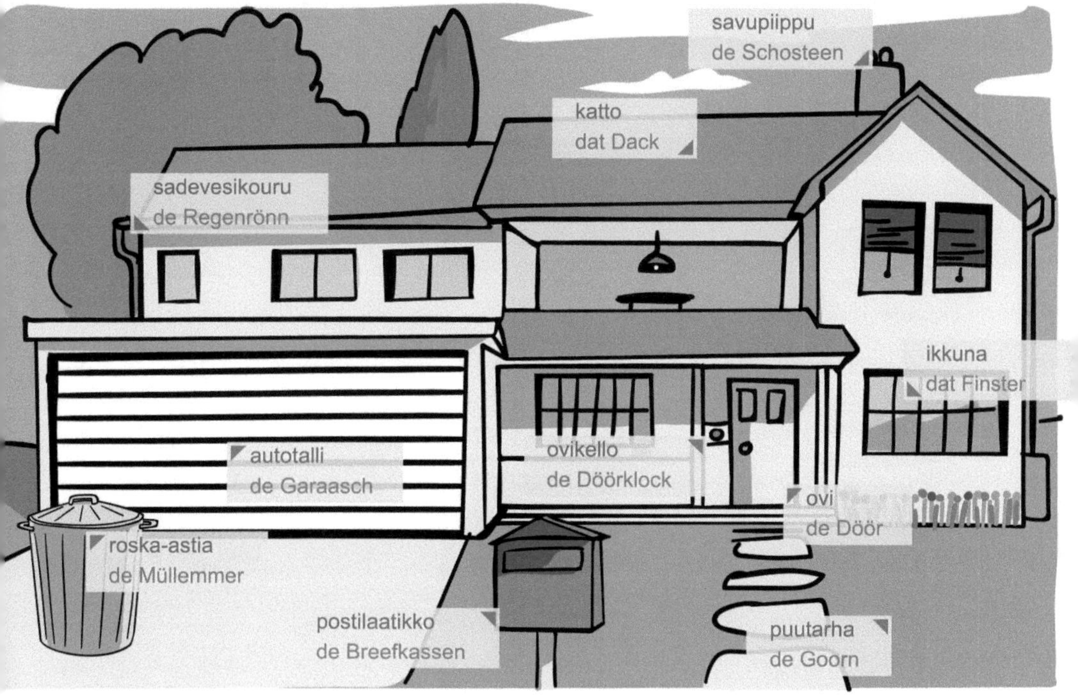
savupiippu
de Schosteen
katto
dat Dack
sadevesikouru
de Regenrönn
ikkuna
dat Finster
autotalli
de Garaasch
ovikello
de Döörklock
ovi
de Döör
roska-astia
de Müllemmer
postilaatikko
de Breefkassen
puutarha
de Goorn

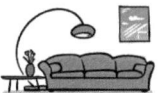

olohuone

de Wahnstuuv

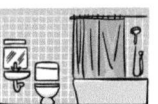

kylpyhuone

de Baadstuuv

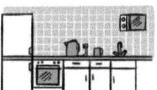

keittiö

de Köök

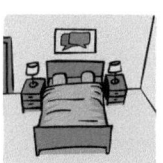

makuuhuone

de Slaapstuuv

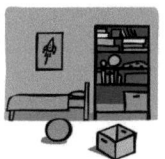

lastenhuone

de Kinnerstuuv

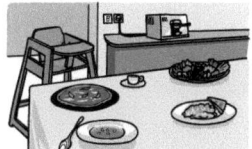

ruokahuone

de Eetstuuv

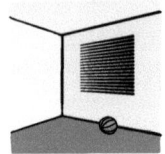

lattia

de Footbodden

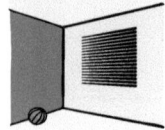

seinä

de Wand

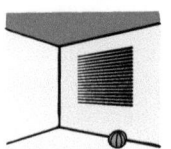

katto

de Deek

kellari

de Keller

sauna

dat Hittluftbad

parveke

de Balkon

terassi

de Terrass

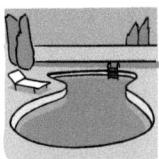

uima-allas

dat Swümmbad

ruohonleikkuri

de Rasenmeiher

lakana

de Bettbetog

päiväpeitto

de Bettdeek

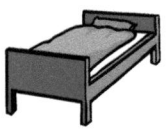

sänky

de Puuch

harja

de Bessen

ämpäri

de Emmer

katkaisin

de Schalter

olohuone
de Wahnstuuv

tapetti
de Tapeet
kuva
dat Bild
lamppu
de Lamp
hylly
dat Regal
kaappi
dat Schapp
televisio
de Kiekkassen
takka
de Kamin
kukka
de Bloom
tyyny
dat Küssen
sohva
dat Sofa
maljakko
de Vaas
kaukosäädin
de Feernbedenen

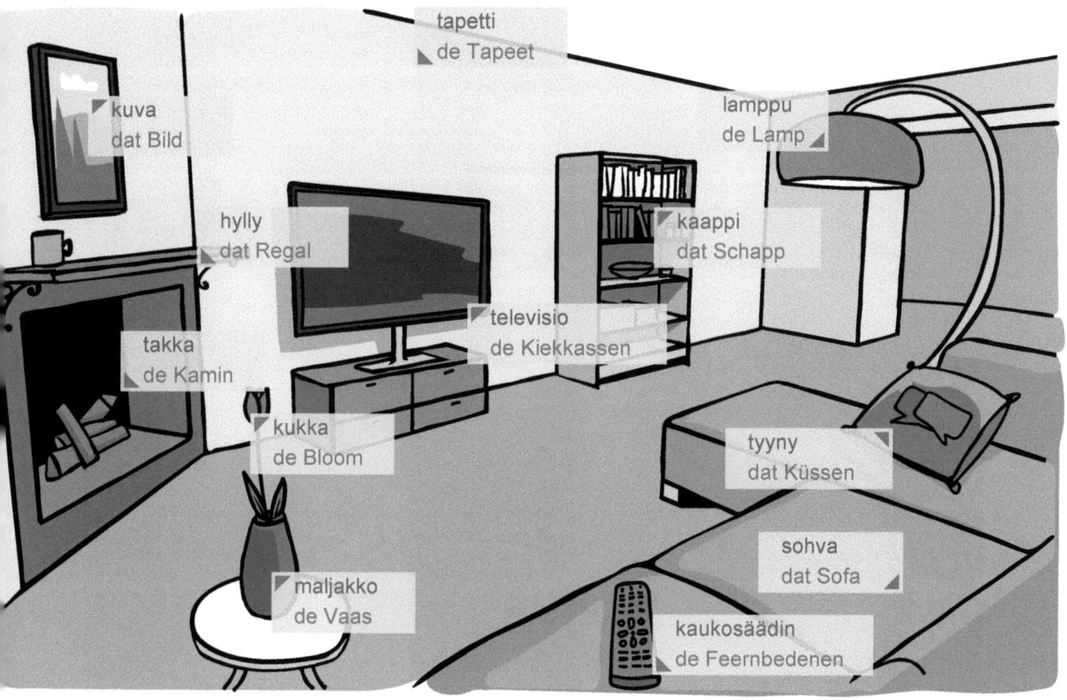

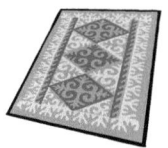

matto

de Teppich

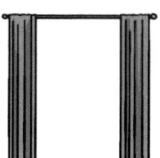

verho

de Vörhang

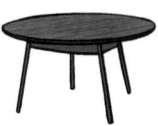

pöytä

de Disch

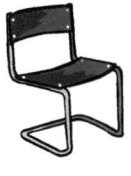

tuoli

de Stohl

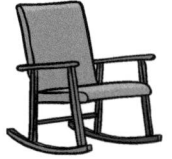

keinutuoli

de Schuckelstohl

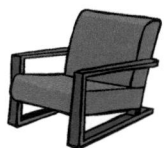

nojatuoli

de Sessel

kirja

dat Book

peitto

de Deek

koriste

de Dekoratschoon

polttopuut

dat Füerholt

elokuva

de Film

stereot

de Stereoanlaag

avain

de Slötel

sanomalehti

dat Narichtenblatt

maalaus

dat Gemälde

juliste

dat Poster

radio

dat Radio

muistivihko

de Opschrievblock

pölynimuri

de Huulbessen

kaktus

de Kaktus

kynttilä

de Kars

keittiö
de Köök

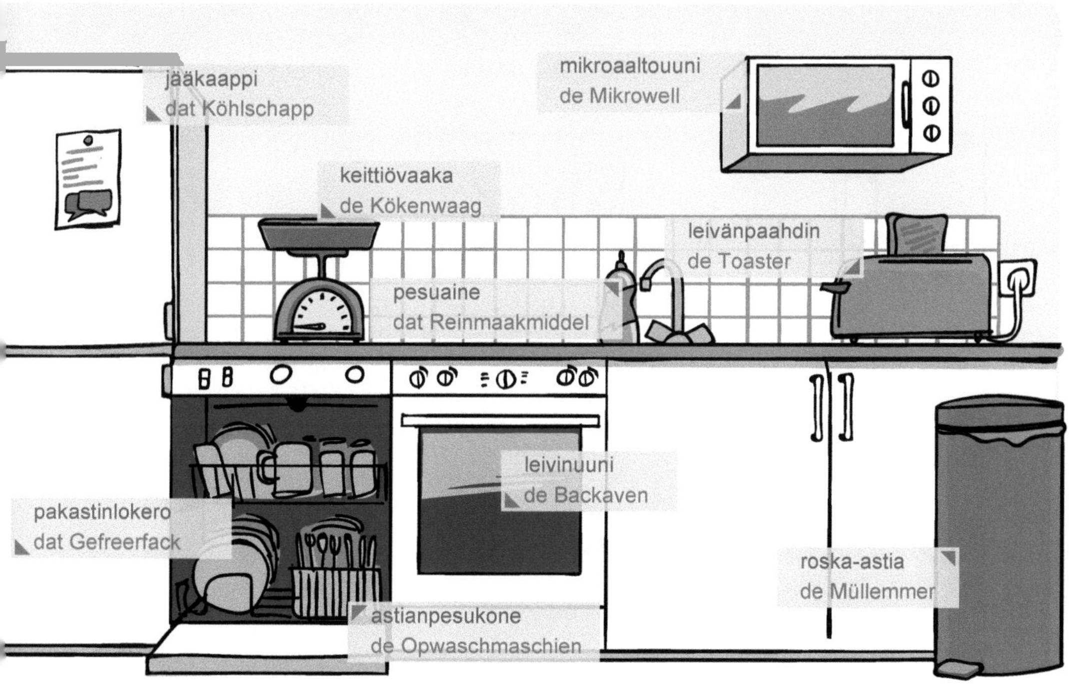

jääkaappi
dat Köhlschapp
mikroaaltouuni
de Mikrowell
keittiövaaka
de Kökenwaag
leivänpaahdin
de Toaster
pesuaine
dat Reinmaakmiddel
leivinuuni
de Backaven
pakastinlokero
dat Gefreerfack
roska-astia
de Müllemmer
astianpesukone
de Opwaschmaschien

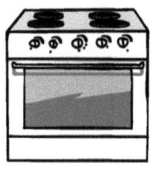

liesi

de Heerd

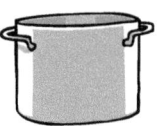

kattila

de Pott

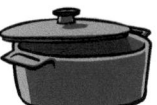

rautapata

de Gussiesern Putt

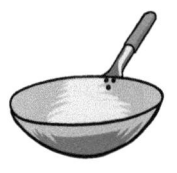

vokkipannu / kadai-pannu

de Wok / Kadai

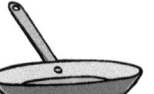

paistinpannu

de Pann

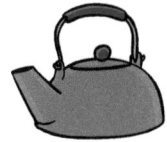

teepannu

de Waterkaker

höyrykeitin

de Dampkaakputt

uunipelti

dat Backblick

astiat

dat Geschirr

muki

de Beker

kulho

de Schaal

syömäpuikot

de Eetsticken

kauha

de Suppenkell

paistinlasta

de Pannenwenner

vispilä

de Sneebessen

siivilä

dat Kaakseef

siivilä

dat Seef

raastin

de Riev

mortteli

de Mörser

grilli

de Grill

avotuli

de Füerstell

leikkuulauta
....
dat Sniedbrett

kaulin
....
dat Nudelholt

korkinavaaja
....
de Proppentrecker

purkki
....
de Doos

purkinavaaja
....
de Dosenaapner

pannulappu
....
de Pottlappen

lavuaari
....
dat Waschbecken

tiskiharja
....
de Böst

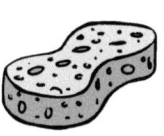

pesusieni
....
de Swamm

tehosekoitin
....
de Mixer

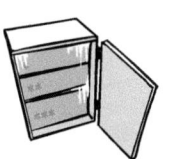

pakastin
....
dat Iesschapp

tuttipullo
....
de Nuckelbuddel

vesihana
....
de Waterhahn

kylpyhuone

de Baadstuuv

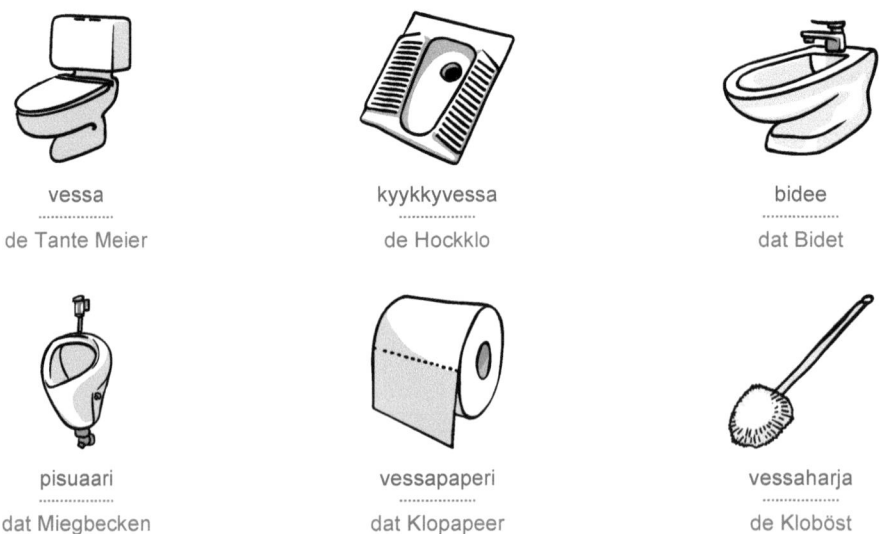

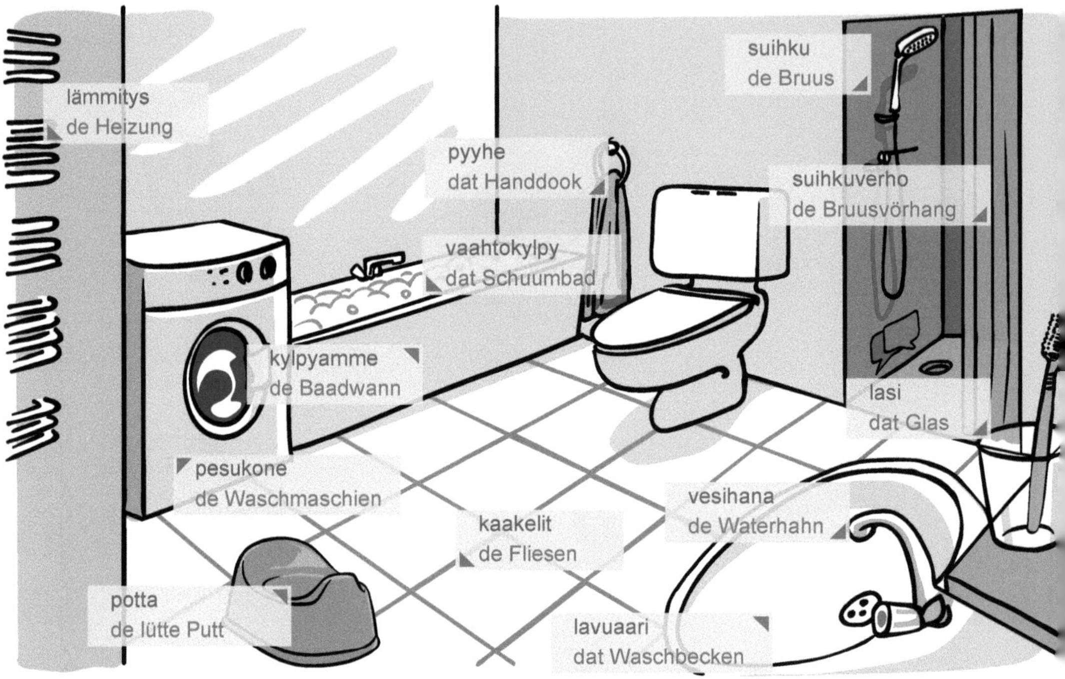

lämmitys
de Heizung
pyyhe
dat Handdook
suihku
de Bruus
suihkuverho
de Bruusvörhang
vaahtokylpy
dat Schuumbad
kylpyamme
de Baadwann
lasi
dat Glas
pesukone
de Waschmaschien
vesihana
de Waterhahn
kaakelit
de Fliesen
potta
de lütte Putt
lavuaari
dat Waschbecken

vessa

de Tante Meier

kyykkyvessa

de Hockklo

bidee

dat Bidet

pisuaari

dat Miegbecken

vessapaperi

dat Klopapeer

vessaharja

de Kloböst

hammasharja

de Tähnböst

hammastahna

de Tähnpast

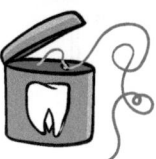

hammaslanka

de Tähnsied

pestä

waschen

käsisuihku

de Handbruus

intiimisuihku

de Intimbruus

pesuvati

de Waschschöttel

selkäharja

de Rüchböst

saippua

de Seep

suihkugeeli

dat Bruusgeel

shampoo

dat Hoorwaschmiddel

pesulappu

de Waschlappen

viemäri

de Afloop

voide

de Creme

deodorantti

dat Deodorant

peili

de Spegel

käsipeili

de Kosmetikspegel

partaveitsi

de Raserer

partavaahto

de Raseerschuum

partavesi

dat Raseerwater

kampa

de Kamm

harja

de Böst

hiustenkuivaaja

de Hoordröger

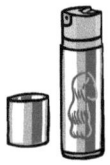

hiuslakka

dat Hoorspray

meikki

de Smink

huulipuna

de Lippensticken

kynsilakka

de Nagellack

pumpuli

de Watt

kynsisakset

de Nagelscheer

hajuvesi

dat Rüükwater

kosmetiikkalaukku

de Kulturbüdel

jakkara

de Schemel

vaaka

de Waag

kylpytakki

de Baadmantel

kumihansikkaat

de Gummihanschen

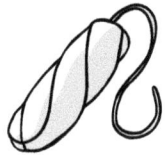

tamponi

de Tampon

terveysside

de Damenbinn

kemiallinen wc

dat Chemieklo

lastenhuone

de Kinnerstuuv

herätyskello
de Wecker
pehmolelu
dat Knudeldeert
leikkiauto
dat Speeltüüchauto
helistin
de Klöter
nukkekoti
dat Poppenhuus
lahja
dat Geschenk

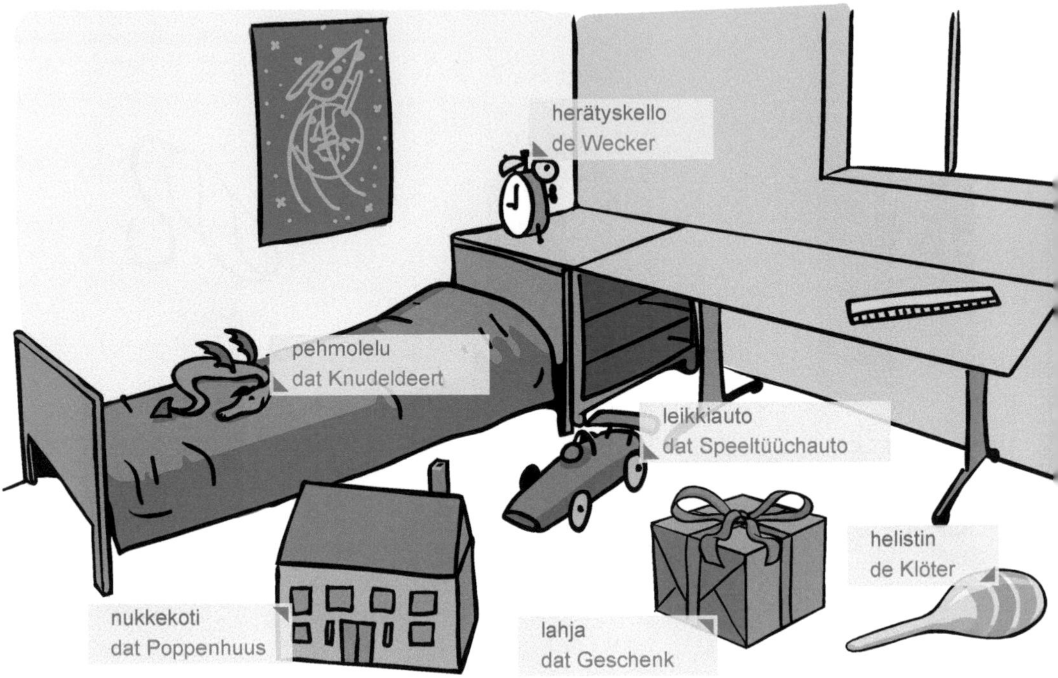

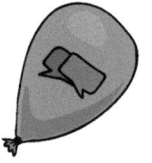

ilmapallo

de Luftballon

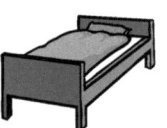

sänky

de Puuch

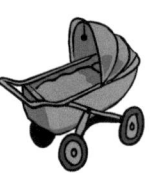

lastenvaunut

de Kinnerwagen

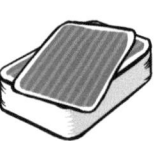

korttipeli

dat Koortenspeel

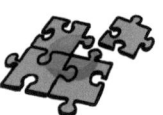

palapeli

dat Puzzle

SUPER MEGA

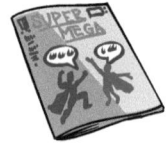

sarjakuva

de Billergeschicht

legopalikat

de Legostenen

rakennuspalikat

de Bustenen

supersankari

de Action-Figur

potkupuku

de Strampelantog

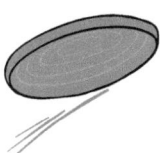

frisbee

de Frisbeeschiev

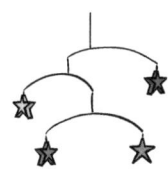

mobile

dat Mobile

lautapeli

dat Brettspeel

noppa

de Wörpel

pienoisjunarata

de Modelliesenbahn

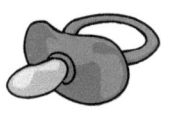

tutti

de Snuller

juhlat

de Party

kuvakirja

dat Billerbook

pallo

de Ball

nukke

de Popp

leikkiä

spelen

hiekkalaatikko

de Sandkassen

keinu

de Schuckel

lelut

dat Speeltüüch

pelikonsoli

de Speelkonsool

kolmipyörä

dat Dreerad

nalle

de Teddyboor

vaatekaappi

dat Klederschapp

vaatteet

dat Tüüch

sukat

de Socken

nylonsukat

de Strümp

sukkahousut

de Strumpbüx

kaulaliina
dat Halsdook

vyö
de Liefreem

sateenvarjo
de Paraplü

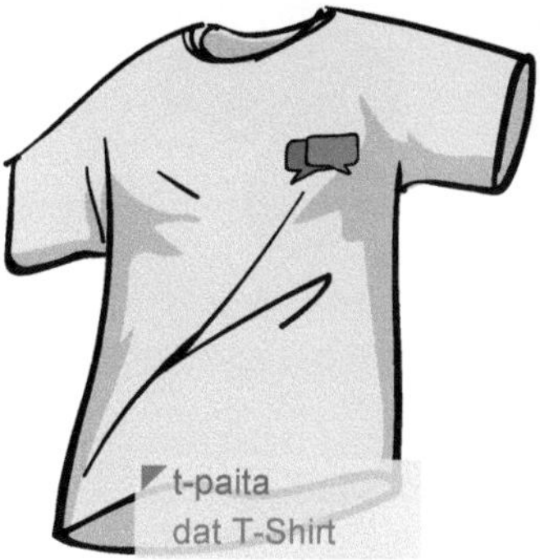

t-paita
dat T-Shirt

lenkkarit
de Turnschoh

saappaat
de Stevel

sisätossut
de Puuschen

sandaalit

de Sandalen

kengät

de Schoh

kumisaappaat

de Gummistevel

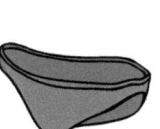

alushousut

de Ünnerbüx

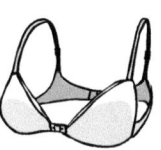

rintaliivit

de Bostholler

aluspaita

dat Ünnerhemd

vaatteet - dat Tüüch

body
de Lief

housut
de Büx

farkut
de Jeansnüx

hame
de Rock

pusero
de Bluus

paita
dat Hemd

villapaita
de Pullover

collegepaita
de Kapuzenpullover

jakku
de Blazer

takki
de Jack

takki
de Mantel

sadetakki
de Övertrecker

puku
dat Kostüm

mekko
dat Kleed

hääpuku
dat Hochtietskleed

puku

de Antog

yöpaita

dat Nachtkleed

pyjama

de Slaapantog

shari

de Sari

päähuivi

dat Koppdook

turbaani

de Turban

burka

de Burka

kaftaani

de Kaftan

abaya

de Abaya

uimapuku

de Baadantog

uimahousut

de Baadbüx

shortsit

de Korte Büx

verkkarit

de Antog to'n Öven

esiliina

de Schört

käsineet

de Handschoh

nappi

de Knopp

silmälasit

de Brill

rannekoru

dat Armband

kaulakoru

de Halskeed

sormus

de Ring

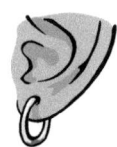

korvakoru

de Ohrbummel

lippalakki

de Mütz

ripustin

de Klederbögel

hattu

de Hoot

solmio

de Binner

vetoketju

de Rietslüter

kypärä

de Helm

henkselit

dat Drachtband

koulupuku

de Schooluniform

univormu

de Uniform

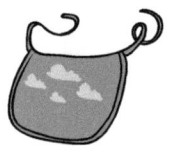

ruokalappu

de Severböten

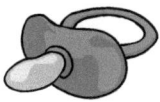

tutti

de Snuller

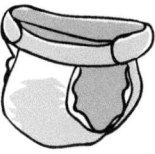

vaippa

de Winnel

toimisto
dat Büro

palvelin
de Server
asiakirjakaappi
dat Aktenschapp
tulostin
de Drucker
paperi
dat Papeer
näyttö
de Bildschirm
hiiri
de Muus
kirjoituspöytä
de Schrievdisch
kansio
de Orner
näppäimistö
dat Knoopboord
roskakori
de Papeerkorf
tietokone
de Computer
tuoli
de Stohl

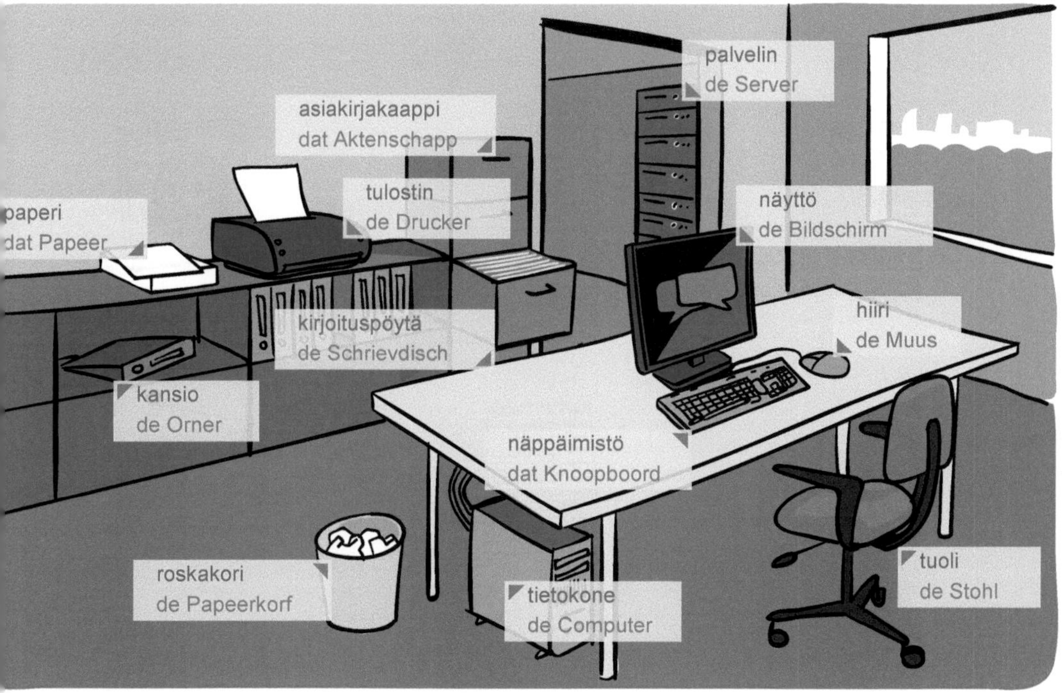

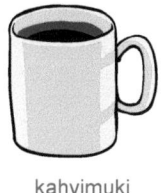

kahvimuki

de Koffiebeker

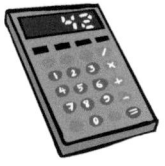

taskulaskin

de Taschenreekner

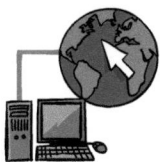

internet

dat Internet

kannettava tietokone

de Klappreekner

kirje

de Breef

viesti

de Naricht

kännykkä

de Ackersnacker

verkko

dat Nettwark

kopiokone

de Kopeerapparat

ohjelmisto

de Software

puhelin

de Klöönkassen

pistorasia

de Steekdoos

faksi

de Faxapparat

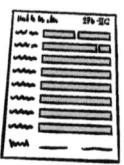

lomake

dat Formulor

asiakirja

dat Dokument

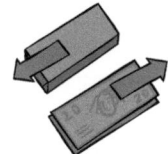

ostaa

köpen

maksaa

betahlen

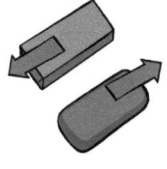

vaihtaa

hanneln

raha

dat Geld

dollari

de Dollar

euro

de Euro

jeni

de Yen

rupla

de Ruvel

frangi

de Swiezer Franken

renminbi juan

de Renminbi Yuan

rupia

de Rupie

pankkiautomaatti

de Geldautomat

rahanvaihto

de Wesselstuuv

kulta

dat Gold

hopea

dat Sülver

öljy

dat Ööl

energia

de Energie

hinta

de Pries

sopimus

de Verdrag

vero

de Stüer

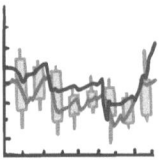

osake

de Andeelschien

työskennellä

arbeiden

työntekijä

de Anstellte

työnantaja

de Arbeitgever

tehdas

de Fabrik

liike

de Hökerie

ammatit
de Profeschonen

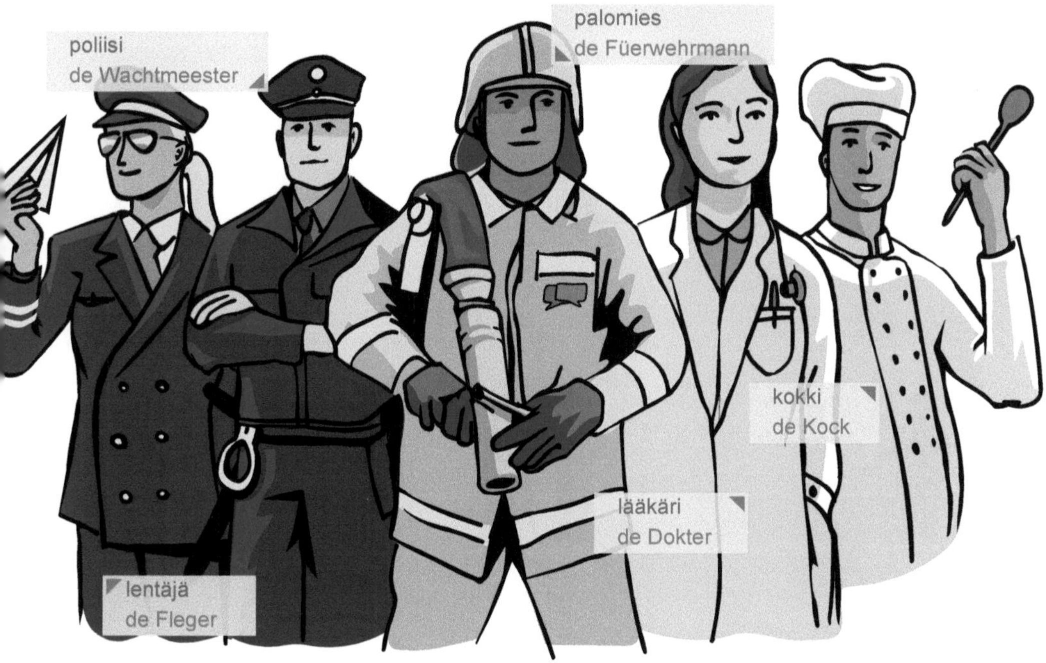

poliisi
de Wachtmeester
palomies
de Füerwehrmann
kokki
de Kock
lääkäri
de Dokter
lentäjä
de Fleger

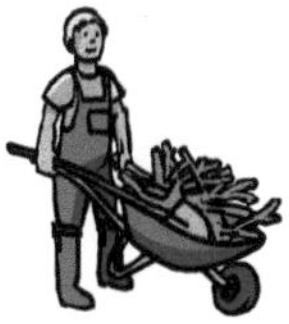

puutarhuri

de Goorner

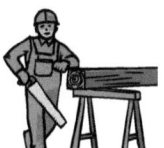

puuseppä

de Discher

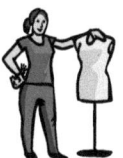

ompelija

de Neihersche

tuomari

de Richter

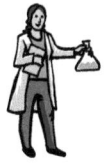

kemisti

de Chemiker

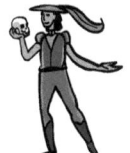

näyttelijä

de Schauspeler

linja-autonkuljettaja

de Busfohrer

taksinkuljettaja

de Taxifohrer

kalastaja

de Fischer

siivooja

de Reinmaakfru

katontekijä

de Dackdecker

tarjoilija

de Kellner

metsästäjä

de Jäger

maalari

de Maler

leipuri

de Bäcker

sähköasentaja

de Elektriker

rakentaja

de Buarbeider

insinööri

de Ingenieur

teurastaja

de Slachter

putkiasentaja

de Klempner

postinjakaja

de Postbüdel

sotilas

de Suldat

arkkitehti

de Architekt

kassanhoitaja

de Kasserer

floristi

de Florist

kampaaja

de Putzbüdel

konduktööri

de Schaffner

mekaanikko

de Mechaniker

kapteeni

de Kaptein

hammaslääkäri

de Tähndokter

tiedemies

de Wetenschopler

rabbi

de Rabbi

imaami

de Imam

munkki

de Mönk

pappi

de Paap

työkalut
dat Warktüüch

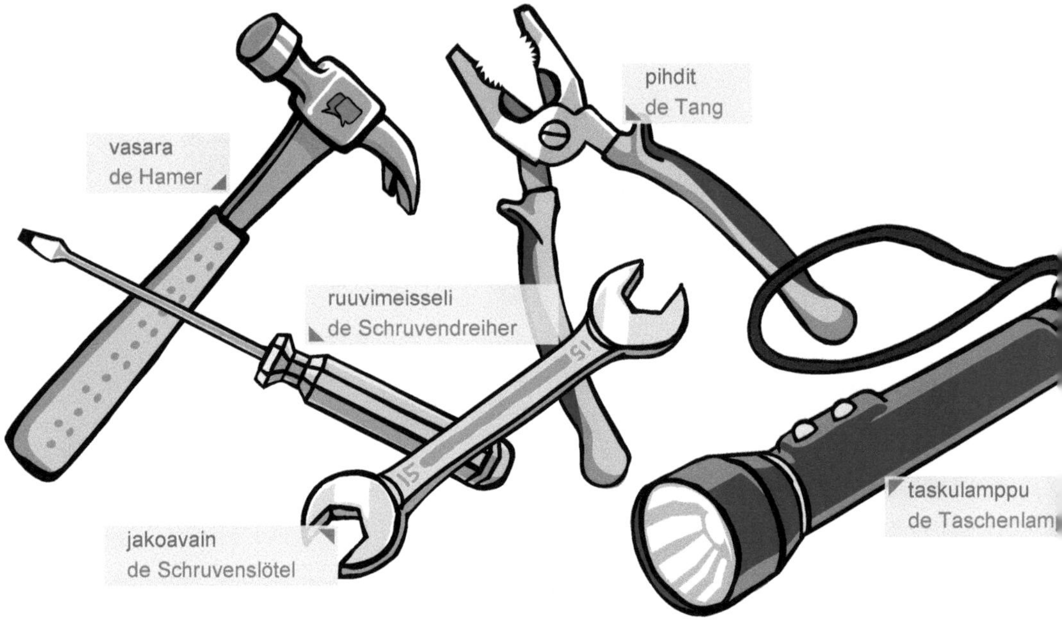
pihdit
de Tang
vasara
de Hamer
ruuvimeisseli
de Schruvendreiher
taskulamppu
de Taschenlam
jakoavain
de Schruvenslötel

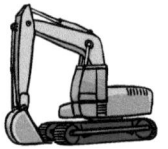

kaivinkone

de Grieper

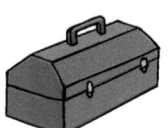

työkalupakki

de Warktüüchkassen

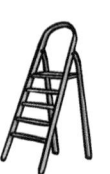

tikkaat

de Ledder

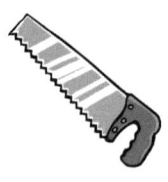

saha

de Saag

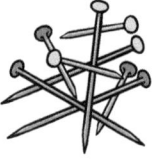

naulat

de Nagels

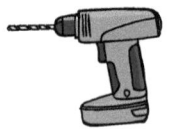

pora

de Bohrer

korjata

heelmaken

lapio

de Schüffel

Hitto!

Schiet!

rikkalapio

dat Kehrblick

maalipurkki

de Farvpott

ruuvit

de Schruven

soittimet
de Musikinstrumenten

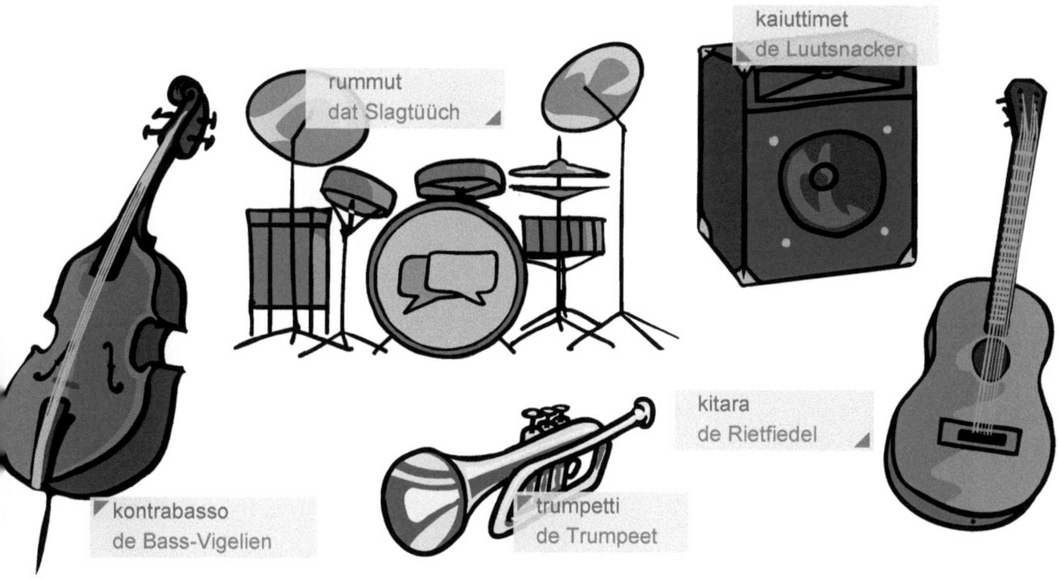

kaiuttimet
de Luutsnacker

rummut
dat Slagtüüch

kitara
de Rietfiedel

kontrabasso
de Bass-Vigelien

trumpetti
de Trumpeet

piano

dat Klaveer

viulu

de Vigelien

basso

de Bass

patarummut

de Pauk

rumpu

de Trummeln

kosketinsoitin

dat Keyboard

saksofoni

dat Saxophon

huilu

de Fleut

mikrofoni

dat Mikrofoon

eläintarha
de Deertenpark

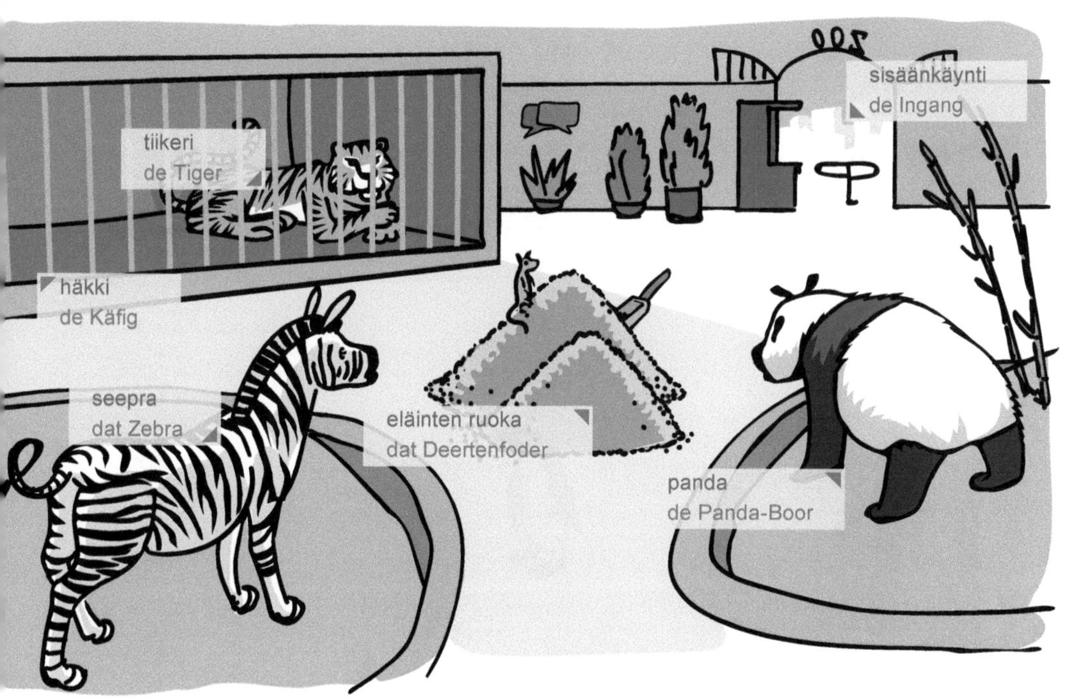
sisäänkäynti
de Ingang
tiikeri
de Tiger
häkki
de Käfig
seepra
dat Zebra
eläinten ruoka
dat Deertenfoder
panda
de Panda-Boor

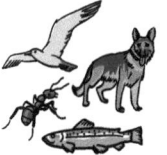

eläimet

de Deerten

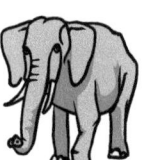

norsu

de Elefant

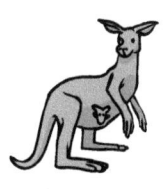

kenguru

dat Känguru

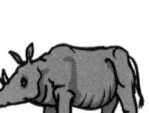

sarvikuono

dat Neeshoorn

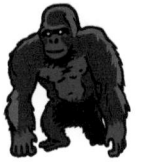

gorilla

de Gorilla

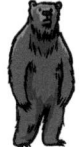

karhu

de Boor

kameli

dat Kameel

strutsi

de Struuß

leijona

de Lööv

apina

de Aap

flamingo

de Flamingo

papukaija

de Papagoi

jääkarhu

de Iesboor

pingviini

de Pinguin

hai

de Haifisch

riikinkukko

de Pageluun

käärme

de Slang

krokotiili

dat Krokodil

eläintarhanhoitaja

de Oppasser in'n
Deertenpark

hylje

de Saalhund

jaguaari

de Jaguor

poni

dat Pony

leopardi

de Leopard

virtahepo

dat Nilpeerd

kirahvi

de Giraff

kotka

de Aadler

villisika

dat Wildswien

kala

de Fisch

kilpikonna

de Schildkrööt

mursu

dat Walross

kettu

de Voss

gaselli

de Gazell

amerikkalainen jalkapallo
de Amerikaansch Football

pyöräily
dat Radfohren

tennis
dat Tennis

koripallo
de Korfball

uinti
dat Swümmen

jääkiekko
dat Ieshockey

nyrkkeily
dat Boxen

jalkapallo

de Football

sulkapallo

dat Fedderball

yleisurheilu

de Leichtathletik

käsipallo

de Handball

hiihto

dat Skilopen

poolo

dat Polo

aktiviteetit
de Aktivitäten

hypätä
springen
halata
ümarmen
nauraa
lachen
kävellä
gahn
laulaa
singen
unelmoida
drömen
rukoilla
beden
suudella
snuteln

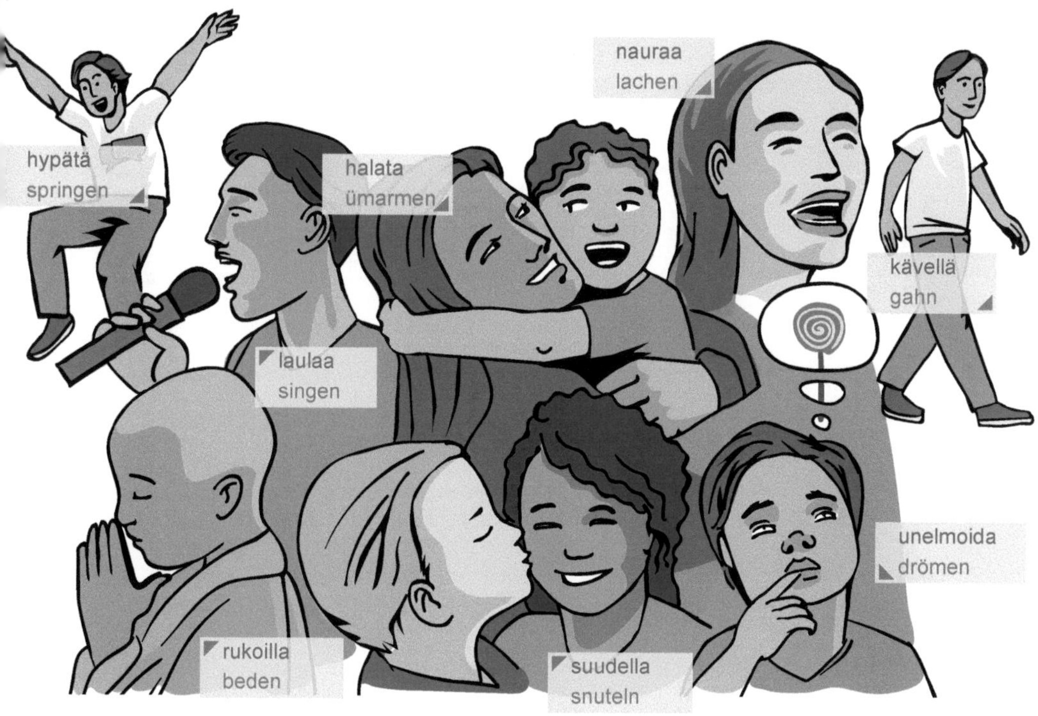

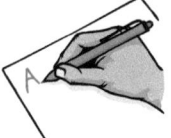

kirjoittaa

schrieven

piirtää

teken

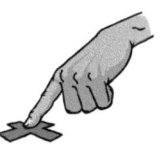

näyttää

wiesen

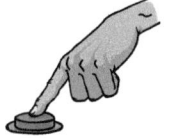

painaa

drücken

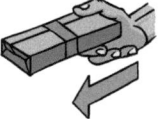

antaa

geven

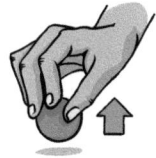

ottaa

nehmen

omistaa
hebben

tehdä
doon

olla
sien

seisoa
stahn

juosta
lopen

vetää
trecken

heittää
smieten

kaatua
fallen

maata
liggen

odottaa
töven

kantaa
dregen

istua
sitten

pukeutua
antrecken

nukkua
slapen

herätä
opwaken

katsoa

ankieken

itkeä

wenen

silittää

eien

kammata

kämmen

puhua

snacken

ymmärtää

verstahn

kysyä

fragen

kuunnella

hören

juoda

drinken

syödä

eten

siivota

oprümen

rakastaa

leefhebben

keittää

kaken

ajaa

fohren

lentää

flegen

aktiviteetit - de Aktivitäten

purjehtia

segeln

laskea

reken

lukea

lesen

oppia

lehren

työskennellä

arbeiden

mennä naimisiin

de Plünnen tohoopsmieten

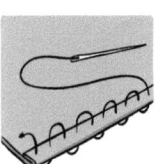

ommella

neihen

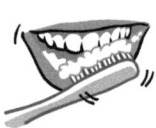

pestä hampaat

Tähnen putzen

tappaa

dootmaken

tupakoida

smöken

lähettää

schicken

perhe
de Familje

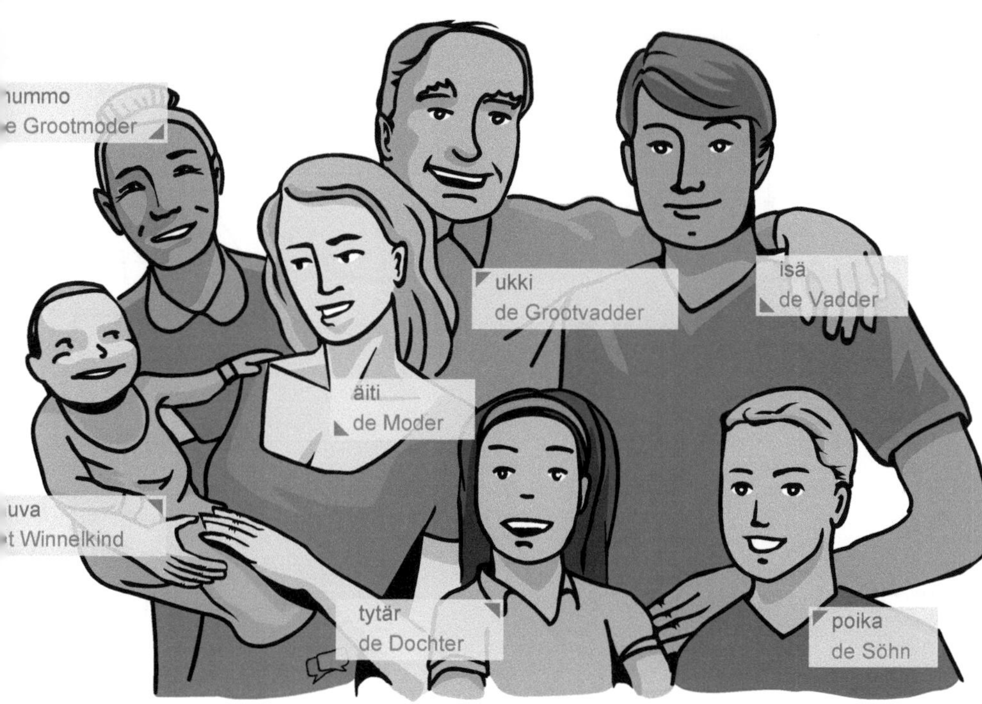

ummo
e Grootmoder
ukki
de Grootvadder
isä
de Vadder
äiti
de Moder
uva
t Winnelkind
tytär
de Dochter
poika
de Söhn

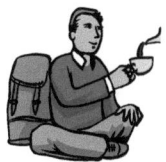

vieras
de Gast

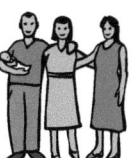

täti
de Tant

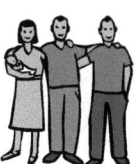

setä
de Unkel

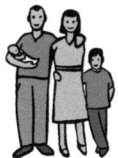

veli
de Broder

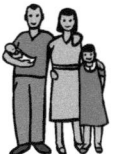

sisko
de Süster

vartalo
de Lief

otsa
de Vörkopp
silmä
dat Oog
olkapää
de Schuller
sormet
de Finger
kasvot
dat Gesicht
leuka
dat Kinn
käsi
de Hand
jalka
dat Been
rinta
de Bost
käsivarsi
de Arm

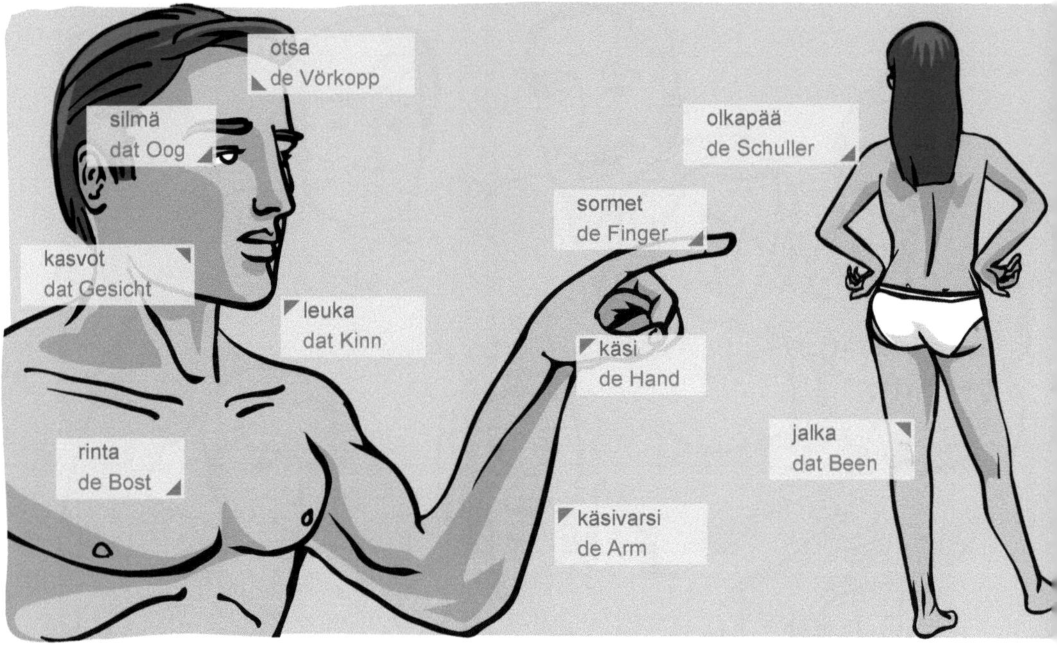

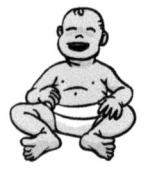

vauva
dat Winnelkind

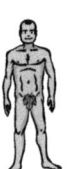

mies
de Mann

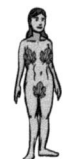

nainen
de Fro

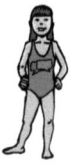

tyttö
de Deern

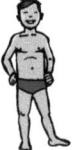

poika
de Jung

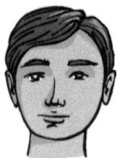

pää
de Arm

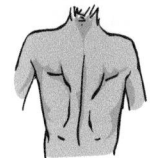

selkä

de Rüch

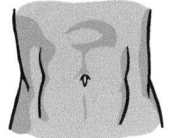

maha

de Buuk

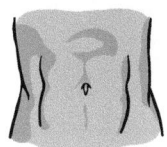

napa

de Navel

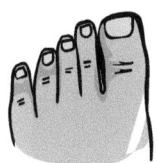

varvas

de Teh

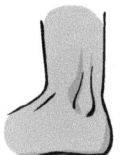

kantapää

de Hack

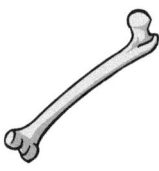

luu

de Knaken

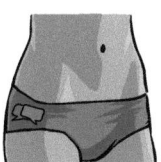

lantio

de Hüft

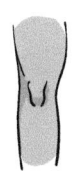

polvi

dat Knee

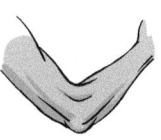

kyynärpää

de Ellbagen

nenä

de Nees

takapuoli

de Achtersen

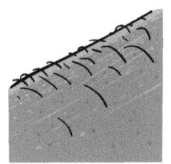

iho

de Huut

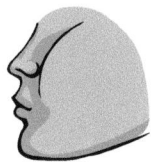

poski

de Back

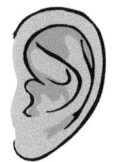

korva

dat Ohr

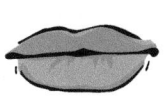

huuli

de Lipp

suu
de Mund

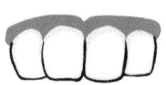

hammas
de Tähn

kieli
de Tung

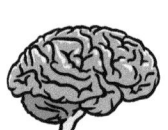

aivot
de Bregen

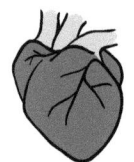

sydän
dat Hart

lihas
de Muskel

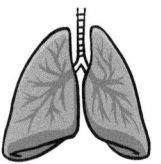

keuhkot
de Lung

maksa
de Lever

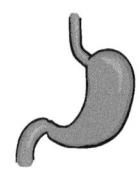

vatsa
de Maag

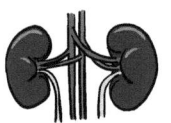

munuaiset
de Neren

seksi
de Bislaap

kondomi
dat Kondoom

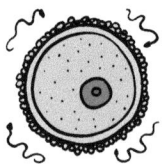

munasolu
de Eizell

sperma
dat Sperma

raskaus
de Anner Ümstänn

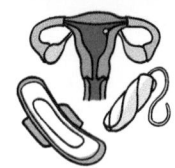

kuukautiset

de Menstruatschoon

vagina

de Scheed

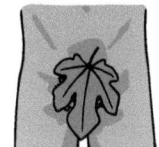

penis

de Pint

kulmakarvat

de Ogenbroe

hiukset

dat Hoor

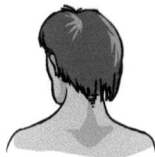

niska

de Hals

sairaala
dat Krankenhuus

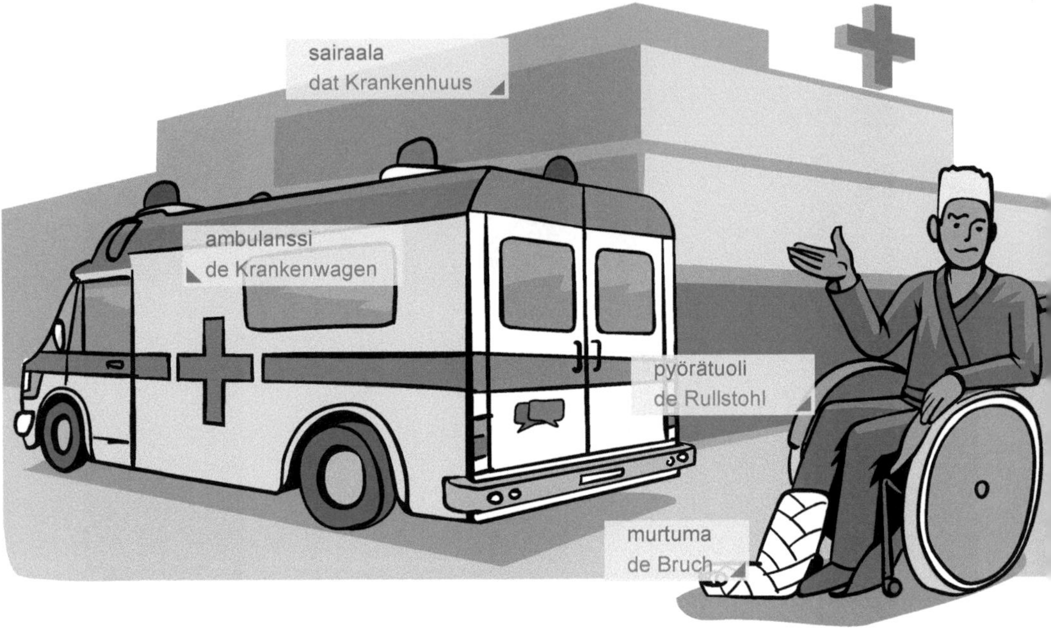

sairaala
dat Krankenhuus
ambulanssi
de Krankenwagen
pyörätuoli
de Rullstohl
murtuma
de Bruch

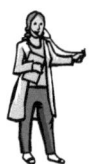

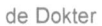

lääkäri

de Dokter

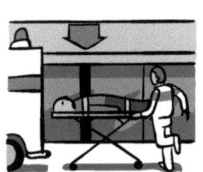

ensiapu

de Nootopnahm

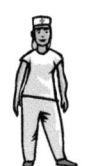

sairaanhoitaja

de Krankensüster

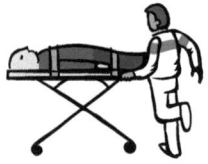

hätätilanne

de Nootfall

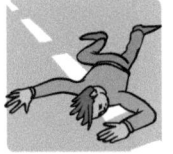

tajuton

ahnmächtig

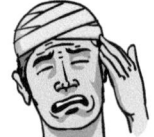

kipu

de Wehdaag

vamma

de Verwunnen

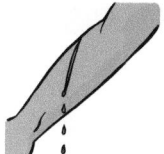

verenvuoto

de Blöden

sydänkohtaus

de Hartinfarkt

aivoinfarkti

de Slaganfall

allergia

de Allergie

yskä

de Hoosten

kuume

dat Fever

flunssa

de Gripp

ripuli

de Dörchfall

päänsärky

de Koppwehdaag

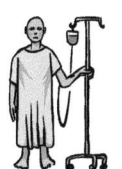

syöpä

de Kreeft

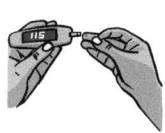

diabetes

de Zuckersüük

kirurgi

de Chirurg

veitsi

dat Chirurgsch Mess

leikkaus

de Operatschoon

sairaala - dat Krankenhuus 73

ct
dat CT

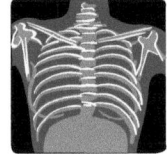

röntgen
de Dörchlüchten

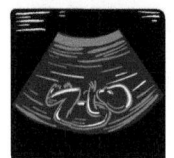

ultraääni
de Ultraschall

maski
de Mask

sairaus
de Krankheit

odotushuone
de Töövruum

sauva
de Krück

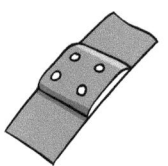

laastari
dat Plaaster

side
de Verband

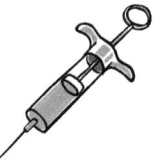

pistos
de Insprütten

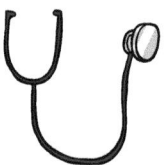

stetoskooppi
dat Stethoskop

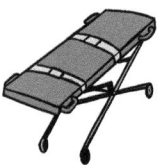

paarit
de Draag

kuumemittari
dat Feverthermometer

syntymä
de Geboort

ylipaino
dat Övergewicht

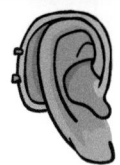

kuulolaite

de Höörapparat

desinfiointiaine

dat Kiemfriemiddel

infektio

de Ansteken

virus

de Virus

HIV / AIDS

dat HIV / AIDS

lääke

dat Heelmiddel

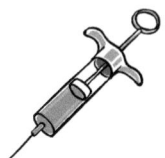

rokotus

de Impen

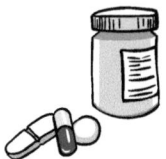

tabletit

de Tabletten

pilleri

de Pill

hätäpuhelu

de Nootroop

verenpainemittari

de Blootdruck-Meter

sairas / terve

krank / gesund

Apua!

Hölp!

hälytys

de Alarm

ryöstö

de Överfall

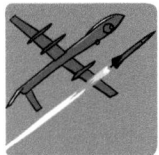

hyökkäys

de Angreep

vaara

de Gefohr

hätäuloskäynti

de Nootutgang

Tulipalo!

dat Füer!

palosammutin

de Füerlöscher

onnettomuus

de Unfall

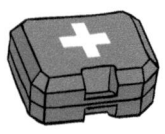

ensiapulaukku

de Noothölpkoffer

SOS

SOS

poliisilaitos

de Polizei

Eurooppa

Europa

Pohjois-Amerikka

Noordamerika

Etelä-Amerikka

Süüdamerika

Afrikka

Afrika

Aasia

Asien

Australia

Australien

Atlantin valtameri

de Atlantik

Tyynimeri

de Pazifik

Intian valtameri

dat Indisch Weltmeer

Eteläinen jäämeri

dat Antarktisch Weltmeer

Pohjoinen jäämeri

dat Arktisch Weltmeer

pohjoisnapa

de Noordpol

etelänapa

de Süüdpol

Antarktis

de Antarktis

maa

de Eerd

maa

dat Land

meri

de See

saari

dat Eiland

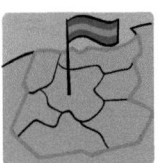

kansa

de Natschoon

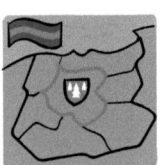

osavaltio

de Staat

kellotaulu

dat Tallenblatt

tuntiviisari

de Stunnenwieser

minuuttiviisari

de Minutenwieser

sekuntiviisari

de Sekunnenwieser

Paljonko kello on?

Wo laat is dat?

päivä

de Dag

aika

de Tiet

nyt

nu

digitaalikello

de digetaalsch Klock

minuutti

de Minuut

tunti

de Stunn

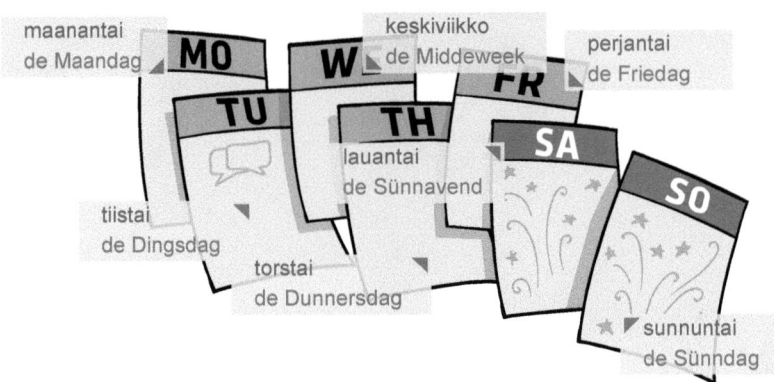

maanantai
de Maandag

keskiviikko
de Middeweek

perjantai
de Friedag

tiistai
de Dingsdag

lauantai
de Sünnavend

torstai
de Dunnersdag

sunnuntai
de Sünndag

eilen

güstern

tänään

hüüt

huomenna

morgen

aamu

de Morgen

keskipäivä

de Meddag

ilta

de Avend

työpäivät

de Arbeitsdaag

viikonloppu

dat Wekenenn

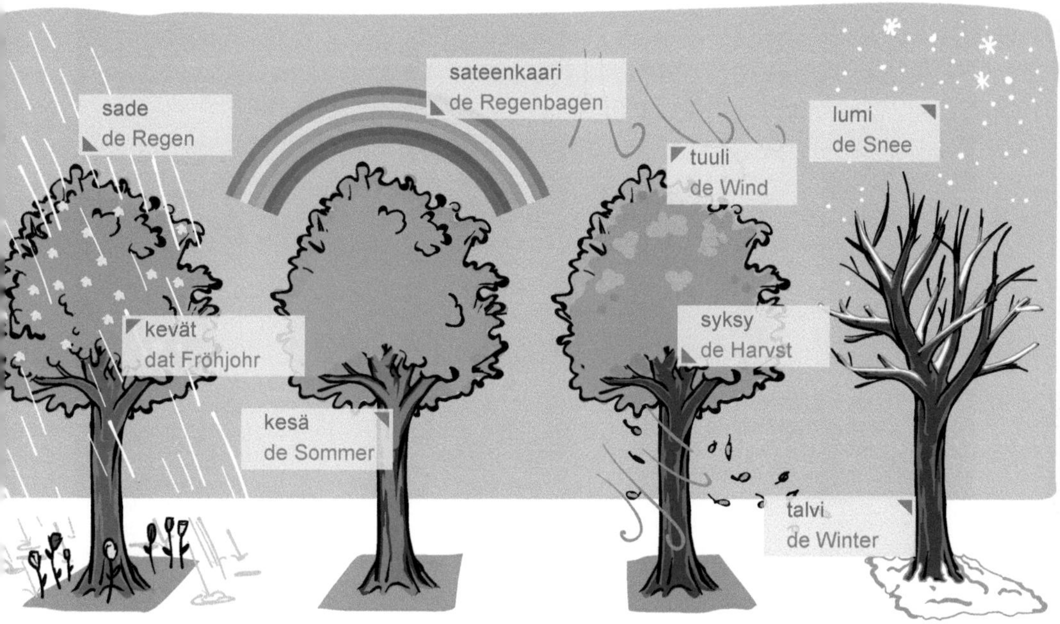

sade
de Regen
sateenkaari
de Regenbagen
lumi
de Snee
tuuli
de Wind
kevät
dat Fröhjohr
syksy
de Harvst
kesä
de Sommer
talvi
de Winter

4.APRIL 11°
5.APRIL 4°
6.APRIL 13°
7.APRIL 8°
8.APRIL 10°

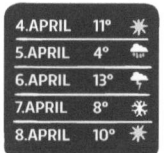

sääennuste

de Wedervörhersaag

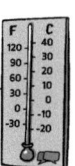

lämpömittari

dat Thermometer

auringonpaiste

de Sünnenschien

pilvi

de Wulk

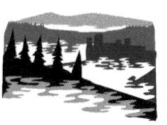

sumu

de Nevel

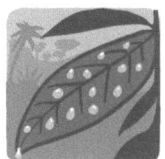

ilmankosteus

de Luftfuchtigkeit

salama

de Blitz

ukkonen

de Dunner

myrsky

de Storm

rae

de Hagel

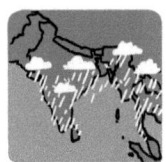

monsuuni

de Monsun

tulva

de Floot

jää

dat Ies

tammikuu

de Januormaand

helmikuu

de Februormaand

maaliskuu

de Martmaand

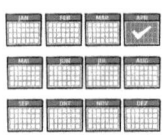

huhtikuu

de Aprilmaand

toukokuu

de Maimaand

kesäkuu

de Junimaand

heinäkuu

de Julimaand

elokuu

de Augustmaand

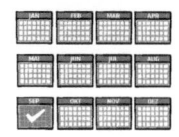

syyskuu

de Septembermaand

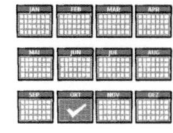

lokakuu

de Oktobermaand

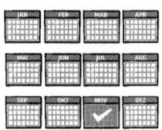

marraskuu

de Novembermaand

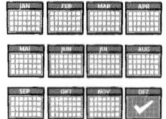

joulukuu

de Dezembermaand

muodot
de Formen

ympyrä

de Krink

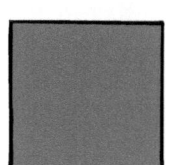

neliö

dat Quadrat

suorakulmio

dat Rechteck

kolmio

dat Dreeeck

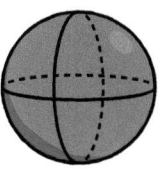

pallo

de Kugel

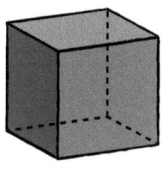

kuutio

de Wörpel

valkoinen

witt

keltainen

geel

oranssi

orangsch

vaaleanpunainen

pink

punainen

root

violetti

lila

sininen

blau

vihreä

gröön

ruskea

bruun

harmaa

gries

musta

swart

paljon / vähän
veel / wenig

vihainen / ystävällinen
böös / verdreeglich

kaunis / ruma
smuck / mies

alku / loppu
de Begünn / dat Enn

suuri / pieni
groot / lütt

vaalea / tumma
hell / düüster

veli / sisko
de Broder / de Süster

puhdas / likainen
schier / schietig

täydellinen / epätäydellinen
kumpleet / nich kumpleet

päivä / yö
de Dag / de Nacht

kuollut / elävä
doot / lebennig

leveä / kapea
breet / small

syötävä / syömäkelvoton

geneetbor / nich geneetbor

paha / kiltti

böös / fründlich

innostunut / tylsistynyt

fickerig / langwielt

lihava / laiha

dick / dünn

ensimmäinen / viimeinen

toeerst / toletzt

ystävä / vihollinen

de Fründ / de Fiend

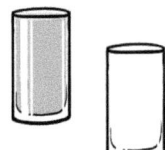

täysi / tyhjä

vull / leddig

kova / pehmeä

hart / week

painava / kevyt

swoor / licht

nälkä / jano

de Smacht / de Döst

sairas / terve

krank / gesund

laiton / laillinen

nich na't Recht / na't Recht

älykäs / tyhmä

klook / dummerhaftig

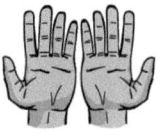

vasen / oikea

linkerhand / rechterhand

lähellä / kaukana

neeg / feern

uusi / käytetty

nieg / bruukt

ei mitään / jotain

nix / wat

vanha / nuori

oolt / jung

päällä / pois päältä

an / ut

auki / kiinni

apen / slaten

hiljainen / äänekäs

lies / luut

rikas / köyhä

riek / arm

oikein / väärin

richtig / verkehrt

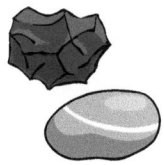

karhea / sileä

ruug / glatt

surullinen / iloinen

trurig / glücklich

lyhyt / pitkä

kort / lang

hidas / nopea

suutje / flink

märkä / kuiva

natt / dröög

lämmin / viileä

warm / köhl

sota / rauha

de Krieg / de Freden

0	**1**	**2**
nolla	yksi	kaksi
null	een	twee

3	**4**	**5**
kolme	neljä	viisi
dree	veer	fief

6	**7**	**8**
kuusi	seitsemän	kahdeksan
söss	söven	acht

9	**10**	**11**
yhdeksän	kymmenen	yksitoista
negen	teihn	ölven

12
kaksitoista
twölf

13
kolmetoista
dörteihn

14
neljätoista
veerteihn

15
viisitoista
föffteihn

16
kuusitoista
sössteihn

17
seitsemäntoista
söventeihn

18
kahdeksantoista
achtteihn

19
yhdeksäntoista
negenteihn

20
kaksikymmentä
twintig

100
sata
hunnert

1.000
tuhat
dusend

1.000.000
miljoona
million

englanti

dat Engelsch

amerikanenglanti

dat Amerikaansch Engelsch

mandariinikiina

dat Chineesch Mandarin

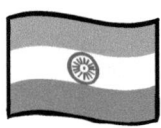

hindi

dat Hindi

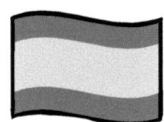

espanja

dat Spaansch

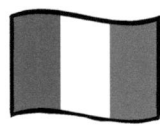

ranska

dat Franzöösch

arabia

dat Araabsch

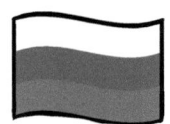

venäjä

dat Rusch

portugali

dat Portugiesch

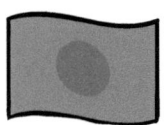

bengali

dat Bengaalsch

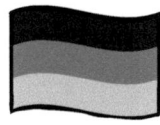

saksa

dat Düütsch

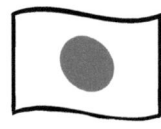

japani

dat Japaansch

minä

ik

sinä

du

hän

he / se / dat

me

wi

te

ji

he

se

kuka?

keen?

mitä / mikä?

wat?

miten?

woans?

missä?

woneem?

milloin?

wannehr?

nimi

de Naam

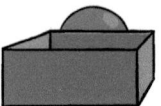

takana
....
achter

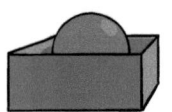

sisällä
....
in

edessä
....
vör

yläpuolella
....
över

päällä
....
op

alapuolella
....
ünner

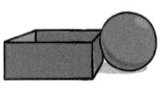

vieressä
....
blangen

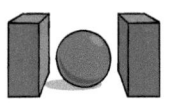

välissä
....
twüschen

paikka
....
de Oort